CW01677357

Chasse à l’ombre

Pour Nicolas et Nathan

Loi n°49956 du 16 juillet 1949 sur les publications destinées à la jeunesse
ISBN 978-2-09-252796-2
N° éditeur : 10166513 - Dépôt légal : mars 2010
Imprimé en France par Pollina - n°L53082

Hubert Ben Kemoun

Chasse à l'ombre

Illustrations de Thomas Ehretsmann

Nathan

un

Sous le soleil

– C'EST FERMÉ ! Punaise, Samuel, ne me dis pas qu'on s'est farci toute cette route pour rien !

Juché sur son vélo, Lionel désignait les barbelés qui obturaient le portail en acier. Son visage ruisselait de sueur.

– Bien sûr que c'est fermé ! Ça fait des années que cette usine est désaffectée. Tu imaginais quoi ? Qu'on arrivait là, qu'on poussait la porte et qu'on allait visiter peinards ? C'est interdit d'entrer ici, mon vieux ! On n'est pas en sortie scolaire, on est en expédition aventure !

– Sam, par cette chaleur, tout bien réfléchi, j'aurais préféré une expédition baignade dans la Saponne...

– T'es jamais content !

– Je crève de chaud ! Huit kilomètres à vélo sous ce soleil de plomb, j'ai des raisons de trouver ça fatigant !

– Une ancienne fabrique de verre est un terrain de jeu bien plus marrant que les rives de la Saponne ! T'as déjà été le roi d'un territoire aussi grand, toi ?

– Quel territoire ? Je ne vois qu'un mur de trois mètres de haut, hérissé de barbelés.

– Parfois t'es désespérant, Lionel. Sans efforts et sans risques, il n'y a aucun plaisir à l'aventure ! Dans un mois, la mairie aura rasé cette vieille

usine pour construire un grand parc de loisirs, c'est le moment ou jamais d'y aller ! Il doit sûrement y avoir un passage dans ce mur... Il suffit de faire le tour de l'enceinte !

– Oui et bien à l'ombre, le passage alors...

Je n'ai rien répondu. Moi aussi j'avais chaud, mais nous étions là... et franchement, à quoi serviraient les mercredis après-midi si ce n'était pour jouer aux explorateurs ?

À l'arrière du terrain, le mur d'enceinte s'était effondré sur un bon mètre et il nous a suffi d'escalader les pierres brûlantes pour passer à l'intérieur de notre « territoire ».

Devant nous s'étendait un vaste terrain nu et poussiéreux, au fond duquel se dressaient plusieurs hangars aux murs sales. Au milieu de cette cour écrasée de soleil, une petite colline de terre blanche atteignait une dizaine de mètres.

– Et voilà, on est super avancés ! C'est le désert de Gobi avec une dune de sable et c'est tout ! Tu parles d'une aventure !

– Pas du sable, du kaolin ! La verrerie est construite sur une mine de kaolin.

Avec cette argile, on fabriquait la porcelaine et la céramique. C'est cette mine que je veux visiter. Lorsque les travaux de la ville auront commencé, il sera trop tard.

– Sam, viens, on rentre, il y a plein de trucs frais à boire dans mon frigo !

– Tiens, finis ça ! ai-je dit, en tendant à Lionel ma petite bouteille d'eau minérale. On s'en va après avoir trouvé les galeries de la mine ! J'ai une lampe torche dans mon sac à dos ! Et puis...

– Quoi encore... ? a pesté Lionel.

– Il fait frais dans une mine ! Tu vas adorer !

deux

Messages d'adieu

LIONEL N'A PAS ADORÉ du tout, et j'avoue qu'au bout d'un quart d'heure, je pensais que la visite de cet endroit ne valait pas une insolation.

Dans le bâtiment désert au toit partiellement écroulé, au milieu d'un fatras de poutres, d'ardoises et de verre, ne restaient que trois grands fours abandonnés, des étagères en bois moisi et des outils méconnaissables tant la rouille les avait rongés.

J'allais accepter de rentrer et reconnaître que cette expédition était un fiasco quand, dans un petit hangar attenant au bâtiment principal, j'ai repéré l'entrée de la mine.

– Regarde, il y a des rails qui descendent par là ! Cette petite porte, on dirait l'entrée d'une cave mais... je pense qu'elle ferme le tracé des chariots vers la mine !

– Sam, le seul chariot qui m'intéresse, c'est un Caddie de supermarché, plein de sorbets framboise ou de canettes de sodas glacés ! a dit mon ami en balançant un grand coup de pied dans la poussière du sol.

Je ne l'écoutais pas et m'acharnais déjà sur le cadenas de la porte à l'aide d'une barre de fer ramassée par terre.

– Je passe devant !

– Sam, j'aime pas ça !

– Écoute, si tu veux, c'est toi qui prends la lampe et je passe devant ! Juste un petit tour et on remonte.

Nous descendions doucement en marchant sur les traverses entre les rails. Les parois du tunnel étaient grises et nous y voyions jusqu'à vingt mètres. Braquée sur mon dos, la torche projetait loin devant mon ombre gigantesque. La progression était facile car l'unique chemin était assez large.

Au bout de dix minutes de descente, nous sommes arrivés dans une immense salle ovale creusée sous la roche d'où partaient quatre tunnels plus étroits.

Dans cette salle, quatre chariots vides avaient été abandonnés à côté de pioches et de seaux couverts de boue.

– Regarde, c'est grand comme une église, ai-je fait, impressionné. Éclaire un peu par là, on dirait qu'il y a des choses écrites sur les murs.

– J'ai froid, maintenant ! a protesté Lionel en dirigeant la lumière vers une paroi.

– *Ici, j'ai transpiré quinze ans. Signé Barnabé. Adieu ma mine que j'ai détestée autant qu'aimée. René !* ai-je lu d'une voix grave pour faire résonner l'écho.

– Bon, ça y est, on a vu, on y va !

– Attends, il y en a d'autres !

J'ai déchiffré des noms, des prénoms, des dates lointaines, et ces messages d'adieu que les mineurs avaient sans doute gravés là avant d'abandonner l'endroit.

– Bon, moi, je rentre...

– Une minute ! Nous aussi on a transpiré ici ! Il faut qu'on le fasse savoir au monde entier ! ai-je fait en ramassant un gros clou en fer sur le sol.

De sa pointe, j'ai gravé dans la paroi friable :

Y'a pas que René qui a sué ici...
Sam et Lionel : les derniers visiteurs !

– C'est n'importe quoi ! a protesté Lionel.

Muni de la lampe torche, il rebroussait chemin.

– Eh ! ai-je crié en me retrouvant dans la pénombre.

J'ai couru vers lui et j'ai trébuché contre un des seaux en fer qui traînaient là. Ce dernier a roulé par terre. Le bruit a résonné si fort dans la grotte, dans un rugissement métallique qui m'a fait sursauter.

– Attends-moi !

J'ai rattrapé Lionel à mi-chemin dans la galerie. Il était toujours de mauvaise humeur quand nous avons récupéré nos vélos dehors.

Le soleil de cette fin d'après-midi a rendu plus épuisant encore notre retour. Le goudron collait sur la route où s'allongeaient nos ombres et celles des buissons du talus.

Enfin, c'est ce que je croyais... Au bout d'un kilomètre, mon ami qui roulait derrière moi a poussé un cri.

– Sam !!!

J'ai mis pied à terre.

– Sam ! Regarde par terre !

– Quoi, qu'est-ce qu'il y a ? ai-je fait en observant la route.

– Ton ombre ? T'as plus d'ombre, Sam !

J'ai jeté un œil incrédule sur la chaussée. Il y avait l'ombre de Lionel, celles de nos vélos, mais pas la mienne !

Un instant, j'ai trouvé ça rigolo. Un instant, pas plus...

trois

Handicapé !

QUELQU'UN QUI A PERDU la vue, c'est un aveugle ; l'ouïe, un sourd ; la parole, un muet ; et celui qui a perdu son ombre, est-ce que cela porte un nom ?

Sûrement pas, personne ne peut perdre son ombre...

Sauf que moi, en cette fin de mercredi, après l'avoir cherchée sur la route ; après avoir laissé Lionel aussi paniqué que moi, devant chez lui ; en rentrant comme un voleur à la maison, je n'en avais plus !

J'ai essayé de me rassurer : après tout, une ombre, cela ne servait pas à grand-chose et personne ne s'apercevrait de la disparition de la mienne. Une chose si commune, on ne la remarque pas. Mais en plein mois de juin sous un tel soleil, j'avais des doutes.

J'étais là, allongé sur mon lit, j'avais tout éteint après avoir fait quelques derniers essais d'ombres chinoises sur le mur à l'aide de ma lampe de chevet, en vain. Envolés et disparus, la mouette, le lapin et le cerf que je réussissais si bien auparavant. Avant la grotte !

Je ne comprenais pas quel « sort » s'était abattu sur moi. De plus en plus angoissé,

j'espérais seulement que, demain, mon ombre serait revenue à sa place.

– Qu'est-ce que tu fabriques dans le noir ? a dit maman en entrant sans prévenir.

– N'allume pas ! Je ne sais pas ce que j'ai, la lumière me fait mal aux yeux, ai-je menti.

– Insolation ! Voilà ce que c'est ! a-t-elle diagnostiqué en déposant une main rapide sur mon front. Petite insolation. Viens dîner, et après, au lit ! Tu as besoin d'une bonne nuit de sommeil pour te remettre d'aplomb. Tu as sport demain, je préparerai tes affaires...

J'ai tressailli. On avait tournoi de basket, à l'école ! En plein soleil dans la cour, personne ne pourrait ignorer mon handicap... Car sans ombre, j'avais l'impression d'être devenu handicapé !

Lionel m'attendait devant la porte de l'école.

– Bon sang, elle n'est pas revenue ! s'est-il exclamé en me voyant arriver.

– Tu devrais le crier encore plus fort ! Viens à l'ombre si tu veux causer...

– J'y ai pensé toute la nuit, Sam ! Ça s'est passé dans la grotte de la mine, c'est sûr ! Mais pourquoi je n'ai pas été touché, ce n'est pas normal !

– Tu vois quoi de normal, quand tu me regardes ? ai-je dit effondré.

– Tout, Sam. Tout, à part un petit détail. Mais tu es mon ami avec ou sans ombre !

Je le sentais aussi inquiet que moi, même si pour lui rien n'avait changé.

– J'ai gardé ta torche, il faut qu'on y retourne, dès ce soir !

– Ce soir, ce n'est pas maintenant...

La voix de M. Régent nous a fait sursauter.

– Alors, les garçons, vous entrez ou vous êtes juste venus tenir le mur de peur qu'il ne s'écroule ? Les vacances, c'est dans quinze jours !

Comme chaque matin, notre directeur vérifiait l'entrée de son troupeau. Nous avons filé sous le préau. Surtout pas en plein soleil.

En classe, j'ai échangé ma place avec celle de Lionel pour m'éloigner de la fenêtre. Je ne pouvais pas détacher mes yeux des ombres de mes camarades. Au fur et à mesure de la matinée, elles raccourcissaient sur les lattes du plancher, striées par les pieds des tables et des chaises. Je les enviais tous !

À chaque instant, je craignais qu'un élève ne se mette à crier au maître : « Eh, monsieur, y a un truc bizarre chez Samuel, regardez le sol ! »

Rien de tel ne s'est passé.

Hélas, si pendant les récrés, j'avais pris soin de longer les murs, de faire des détours pour ne pas avoir à traverser la cour au soleil, comment faire pendant le match, cet après-midi ? J'étais un des meilleurs lanceurs de l'équipe, personne ne comprendrait que je demande l'autorisation de rester sur un banc, à l'ombre.

Et l'heure du match est arrivée...

Ça a été atroce ! Les ombres de chaque joueur se détachaient tellement bien sur le ciment du terrain ! Toutes, sauf une...

Je faisais des efforts incroyables pour me consacrer à la partie et ne pas me faire remarquer, mais au bout de cinq minutes et de trois paniers, on aurait dit que je sortais d'une douche tant je transpirais, et pas seulement à cause du match.

– Dis donc, Sam ! On ne voit pas ton ombre... m'a lancé Paul, à la mi-temps.

– Occupe-toi de me passer le ballon

quand tu ne sais pas quoi en faire ! ai-je dit sèchement.

– Non mais c'est vrai, regarde ! a insisté notre arrière.

– C'est normal ! Mais motus, c'est un secret... Lionel est intervenu à mon secours. Sam suit un traitement spécial à l'hôpital, a-t-il expliqué sérieusement. Un traitement expérimental pour vaincre la transpiration. Ça peut changer la face, ou du moins... l'odeur du monde !

– Ben, ça n'a pas l'air de marcher terrible, comme traitement ! a insisté Paul en désignant la serviette avec laquelle je m'épongeais.

– Le toubib m'a prévenu que ça mettrait du temps et qu'il y aurait des effets indésirables. Fais gaffe parce que parfois, quand mon ombre revient, c'est pire... je bave et je mords ! ai-je fait du ton le plus sérieux.

– Si, je t'assure... jusqu'au sang ! Tu verrais la marque sur mon épaule ! a ajouté Lionel.

– Euh... on reprend le match, a souri bêtement Paul, en s'éloignant en vitesse.

– Lionel, t'es un vrai ami !

Je croyais être à l'abri des questions de mes camarades, c'était mal connaître Paul. Avant la fin du match, la moitié de la classe était au courant de mon traitement et, au vestiaire, Max est venu se planter devant nous.

– Je n'y crois pas à cette histoire d'hôpital, moi !

– Tu as bien raison, ai-je dit, la vérité, c'est que j'ai oublié mon ombre ce matin sur le fil à linge.

– Quoi ?!

– Tu ne la laves jamais, toi ? Beurk !

– Mais... Euh... Non... Max a ouvert une bouche ronde et incrédule avant de se ressaisir. Tu te moques de moi, je vais le dire au maître !

Il est sorti du vestiaire pour filer me dénoncer. C'en était fini de moi ! J'allais devenir la risée de toute l'école, du monde entier !

C'est précisément le soleil et la chaleur, mes pires ennemis de la journée, qui m'ont sauvé.

Lorsque nous sommes sortis du vestiaire, le ciel était noir et un terrible orage d'été a éclaté.

Je ne sais pas si Max a parlé, mais le maître ne m'a fait aucune réflexion quand la cloche a sonné. Je sais seulement que, sous cette pluie démente, les huit kilomètres à vélo jusqu'à l'ancienne mine ont été mille fois plus éprouvants que ceux que nous avions effectués la veille.

quatre

Chasse à l'ombre

L'EAU RUISSELAIT entre les rails. Un vrai torrent chargé de boue qui galopait dans la galerie de la mine. Je ne sais combien de fois nous avons trébuché sur ce chemin glissant et difficilement praticable. Nous sommes arrivés trempés et épuisés dans l'immense salle souterraine. Une grande flaque s'était formée au sol et le bas des roues des chariots disparaissait déjà sous ce début d'inondation.

– Qu'est-ce qu'on cherche ? a demandé Lionel en braquant la torche sur la mare d'eau sombre dans laquelle nous pataugions.

– Je n'en sais rien, Lionel... Mon ombre, c'est ici qu'elle a disparu ! ai-je répondu. Il y avait les inscriptions... et puis... ah si, peut-être... le seau ! Quand je suis remonté derrière toi, j'ai trébuché sur un seau, j'ai peut-être déclenché quelque chose...

Lionel ne m'écoutait pas. J'ai vu son visage se figer.

– Elle... elle n'a pas disparu, Sam ! Elle est là ! a-t-il balbutié en désignant la paroi à ma gauche.

Et je l'ai vue ! Cette vision a été un choc aussi violent qu'un coup de poing. Elle bougeait tranquille, là, à quelques mètres sur le mur qui ruisselait. Elle vivait, longeait la paroi, se baissait, se redressait...

C’était bien MON ombre. Elle avait gardé la forme de ma silhouette, mais je n’en étais plus le maître. Elle était libre et indépendante.

J’ai foncé sur elle, mais au moment où j’allais la toucher, d’un habile petit bond sur le côté, elle m’a échappé.

Aidé de Lionel, j'ai recommencé cette chasse ridicule, plusieurs fois. Quelle abominable impression que celle de courir après soi-même ! Quelle épuisante chasse aussi ! À la seule lueur de la torche, dans une eau qui atteignait nos mollets à présent, nous n'avions aucune chance. Mon ombre était plus rapide et bien plus alerte que nous. Ici, elle était chez elle.

– Il faut peut-être remettre le seau en place ! ai-je dit.

– Ça ne peut pas être la solution. (Il désignait un seau qui flottait non loin de nous.) Sam, chaque fois qu'il pleut, cette grotte est noyée, et les seaux se déplacent.

– Il faut que je trouve !

– Sam, l'eau monte de plus en plus. On doit partir ! a dit Lionel très inquiet.

Entre nous, sur le mur, se baladait toujours mon ombre. L'eau lui arrivait aux *cuisses*.

Dehors, loin au-dessus de nos têtes, le tonnerre a grondé, l'orage redoublait de violence. Je scrutais les parois, toutes les inscriptions des anciens mineurs, celle que j'avais gravée la veille, et tout à coup mon regard s'est arrêté sur un étrange message que je n'avais pas lu hier :

QUI SOUILLE CET ENDROIT

Y LAISSERA UNE PART DE SOI !

– Il faut que j'efface nos noms !!! ai-je crié. Je n'avais pas le droit d'écrire ça !

Je me suis précipité sur le mur et de toutes mes forces, avec mes ongles, j'ai gratté mon prénom et celui de mon ami. C'était long, mes doigts se blessaient, Lionel qui tenait la lampe m'aidait comme il pouvait, mais la roche paraissait tellement plus dure que la veille...

– Arrête, Sam, il faut qu'on sorte ! Il vaut mieux vivre sans ombre que mourir noyé ici !

– Encore... on voit encore des lettres !

J'étais déchaîné, mais les pierres que je ramassais ici ou là pour me servir de grattoir m'aidaient à peine tant elles étaient friables.

– Sam, il faut vraiment qu'on remonte. On reviendra ! Demain, après-demain... Sam !!! La galerie principale pour ressortir va être inondée, on ne pourra plus...

Je ne l'écoutais pas, épuisé, je grattais... Mes doigts étaient en sang, mais lorsque

mon message a été effacé, mon ombre n'était toujours pas revenue à moi.

Alors, désespéré, je me suis tourné vers elle et, les yeux baignés de larmes, je lui ai parlé. Je sais, cela peut paraître fou, mais je lui ai parlé :

– Je t'en prie, reviens ! J'ai réparé comme j'ai pu... mais tu me manques. Tu as disparu depuis à peine un jour, mais tu me manques tant ! On refera le vieux loup de mer, la chouette et le lapin sur le mur de la chambre... Si tu veux, j'en apprendrai plein d'autres... mais s'il te plaît, reviens !

– Tu oublies quelque chose, Samuel !

Elle m'a répondu ! J'ai tressailli. Plus forte que le tonnerre, sa voix – c'était ma voix, mais en tellement plus grave – a fait trembler la mine.

– Tu as effacé ce que tu n'avais pas le droit d'écrire, c'est bien. Mais tu as oublié ceci...

Mon ombre brandissait la bouteille d'eau minérale que Lionel et moi avions finie hier et que j'avais jetée par terre alors que je déchiffrais les inscriptions !

– *Ici, c'est un lieu qui garde la mémoire de tous ceux qui y ont travaillé dur. Très dur. Et toi, tu as pris cet endroit non seulement pour ton territoire, mais aussi pour une poubelle ! Sors tes ordures d'ici ! Si tu n'étais pas revenu avec ton ami, je t'abandonnais* DÉFINITIVEMENT *!*

En tremblant comme une feuille, j'ai saisi la bouteille que mon ombre me tendait, et sans plus rien dire nous avons remonté la galerie, péniblement, dans cette eau folle chargée de boue.

Ce n'est qu'après avoir refermé la porte de la galerie et quitté l'enceinte de l'ancienne usine que j'ai revu mon ombre. Elle était à sa place, parfaitement en accord avec chacun de mes gestes.

Pas tout à fait en accord...

Depuis que le parc de loisirs a été inauguré, j'y suis allé à trois reprises avec Lionel. Chaque fois, pendant une heure ou deux, mon ombre disparaît.

Je sais qu'elle descend dans la galerie qui est à présent obturée par un mur épais. Elle va se promener dans cette grande salle souterraine où elle a été libre un jour d'été. Là-bas, c'est son territoire, pas le mien...

Table des matières

Hubert Ben Kemoun

Les aventures fantastiques de Samuel et Lionel sur les rives de la Saponne ne racontent pas du tout l'enfance d'Hubert Ben Kemoun.
À Nantes, où il habite, des mines où aller jouer les aventuriers avec un copain, ça n'existe pas. Et de toute façon, à l'âge de ses personnages, Hubert était beaucoup trop froussard pour oser descendre dans les profondeurs de la terre et pour aller y faire des bêtises. C'est pour en faire dorénavant qu'il est devenu auteur. Ses futures histoires le suivent comme son ombre.

Thomas Ehretsmann

Il est né en 1974 à Mulhouse et décide aussitôt de se lancer dans la BD. Mais il doit attendre la fin de ses études, aux Arts Décoratifs de Strasbourg, pour sortir un premier album en 2000, aux Éditions Delcourt. Parallèlement, il se lance dans une carrière d'illustrateur. Aujourd'hui, il ne sait plus bien s'il préfère la BD ou l'illustration...

Découvre l'extrait
d'un nathanpoche

La reine du monde

Une série écrite par Hubert Ben Kemoun
Illustrée par Thomas Ehretsmann

« Ses mains se sont crispées, sa mâchoire a fait une étrange grimace. Elle se retenait pour ne pas crier.

– Je t'interdis de prétendre que je raconte n'importe quoi ! s'est-elle contentée de dire.

– C'est ça oui, et ta grand-mère fait du roller sur la lune, aussi !

Les autres ont ri et j'ai cru que Rebecca allait me gifler quand elle s'est levée. Mais avec un petit sourire de défi, elle a déclaré :

– Eh bien Samuel ! Je t'invite, là, tout de suite, chez moi ! Et tu verras ! »

Dorénavant, Samuel devra faire attention avant de contredire une fille.